U0128727

HERO

英雄

Natalia S. Y. Fang

方秀雲　著

For

The Hero
who loves for Truth

英　雄

目　次

1

光的簿冊

舌的靈動

奇異流轉

四　濺

喬治·德·拉·圖爾（Georges De La Tour, 1593-1652）
〈唱詩班男童〉（"The Choirboy"）
約 1640-50 年
油彩，畫布
66.7 x 50.2 公分
萊斯特郡，新沃克博物館和藝術畫廊
（New Walk Museum and Art Gallery, Leicester）

舌的靈動

夜　　　靜的
止不住
馳騁的寂
黑到沒、沒、沒

舌靈動
顫了簿上的音符

手中蠟燭　　染光
白　　冉冉升
直到黃　　再金黃

遮攔的　　深了影
頁緣、指間、布摺

半透了

那小蝴蝶結　　那大手
握的　　掌舵未來

舌尖繞阿繞　　與唇較勁
火燄燒阿燒　　跟簿相爭
盪了　　戲劇張力

細膩的科學觀察
替詩鋪了路

人說天籟
只因靈動！

 Hero_____

奇異流轉

哇！

胎內，奇異流動

1943 年六月一日
哇一聲！

流到了蘇俄的斯大林格勒
動到了北非的厄爾阿拉曼
情勢真的
逆轉

沒多久，我方勝利了。

血　緣

臍帶一剪

走來　　叢中
選了你
想必……

普雷斯頓，曼彻斯特大學女子
戀戀
找上上策，不得不捨

你露了微笑
發了親情的問候

暫居之所
一位善心婦人
戀戀

血緣，爲了你
無血緣，要了你
愛，雙倍乘。

第一抹記憶

好奇問：我從哪兒來？　　　不問　　不尋根
婦人痛了，哭了

　　　　　　　　　　　　　涙不亂流
從此　　　　　　　　　　　忠於她。

警醒一刻

杯子，用了許久　　　　　　他們靜默
樹，伴你、藏糖果的　　　　你知道　　那是欺瞞
　　　　　　　　　　　　　你知道　　那是背叛
一天回來
不見了　　　　　　　　　　警訊擊中
　　　　　　　　　　　　　甦醒！

高音男童

不矯飾之嗓　　　　　　　　指定曲多，計數了
舌尖迴盪　　　　　　　　　韓德爾、巴哈、孟德爾頌……

神聖容貌　　　　　　　　　純真　　天使如你
漫漫迷　　　又謎　　　　　使出了　　誘惑

12　英　雄

引來鎖奴
叔叔伯伯的
寵愛
溺愛
珍愛

雲雀飛飛沖天
散落的羽
捲入了桑蠶之辯

註：

1.斯大林格勒（Stalingrad）意指俄羅斯的斯大林格勒會戰（1942-43）。

2.厄爾阿拉曼（El Alamein）意指發生在埃及的厄爾阿拉曼戰役（1942）。

3.普雷斯頓（Preston），英格蘭西北方。

4.曼徹斯特大學（University of Manchester），英格蘭曼城市中心。

5.文藝復興藝術巨匠米開朗基羅（Michelangelo, 1475-1564）為一位貴族
　男子卡瓦立瑞（Tommaso dei Cavalieri）寫一首情詩〈桑蠶〉。

 *Love*

四　濺

酒杯的汁液
飲了　　含了
濺了舌尖

昔日童聲消失　　難再唱
吟吟疑惑

冷疤揭示，凍了膿

我毫無戒心
不想、不見、不聽、不聞、不摸

怎劃破冰河
你想、你見、你聽、你聞、你摸
你推敲

噢！火續燃
酒精的化學變化
還四濺

溫煦襲來
簿冊裡，記載全
沒缺口的柔情。

14　英　雄

2

羽的思潮

 英勇原型

 羽毛筆

 吻你太陽穴
墨紅，墨紅

多納泰羅（Donatello, 1386-1466）
〈大衛〉（"David"）
約 1433 年
青銅
高 159 公分
佛羅倫斯，巴傑羅美術館
（Museo Nazionale del Bargello, Florence）

 *Picture*

英勇原型

牧羊男口哼田園
什麼都捨
一心單打獨鬥

傷不了
結果，蠻力輸了

太過爭議
噢！只好快快
用桂冠、長靴，妝點裸身

一羽細長　　延到腿
一觸　　舒暢了
詩的脈搏

手中劍，抹上激與美
戰役好精彩 ──
粉碎了
惡魔的定論

看啊，多撩人！

註：

葛利亞（Goliath）身形巨大、強壯、健碩，威力十足，代表霸權，牧羊男大衛為了鏟除這股惡勢力，上了戰場，與這巨人抵抗，結果，大衛戰勝，成為永世英雄。

 *Hero*

羽毛筆

讓我爲你戴上桂冠
因你值得
值得贏世上的一切

你羽筆　　劍口的最銳利

把平庸、
無風骨、
獻媚、
只信仰虛無的人

鏟除

你思潮　　天才的一股勁
跨了時空
超越
將滾來　　多年後滾來

讓我爲你戴上桂冠
因你值得
值得贏世上的一切

 *Love*

吻你太陽穴

吻
追回蘇格拉底

你太陽穴瀰漫了
燒焦的分子

比魂魄飛得還快

聞到了日曬
釀出酒精
醉了。

墨紅，墨紅

華格納的羽毛筆尖
從我手臂滑過

劃開
墨的韻律
滲透表皮細胞
以馬奔之速　　擴散

皮下的沈睡，騷了

血從恒溫直升
沖到沸點
滾啊滾

墨入了血
催化劑與鎮定劑　　更換角色

從未有的激情，發生了。

20　英　雄

3

美的酒精

桑德羅・波提切利（Sandro Botticelli, 1445-1510）
〈維納斯誕生〉（"The Birth of Venus"）
約 1486 年
蛋彩，畫布
172.5 x 278.5 公分
佛羅倫斯，烏菲茲美術館（Uffizi, Florence）

 *Picture*＿＿＿＿＿＿＿＿＿＿＿＿＿＿＿＿＿＿

她她她

遠邊的冷冷
水急急地拍岸

泡泡一波波
玫瑰一朵朵
她誕生了

聽！濺潑聲
她走來了

看！西風吹
撩起了長髮
勾起了輪廓
留下了肉慾的烙印

她是美
她是愛
她是真
她是一切的一切

 *Hero*＿＿＿＿＿＿＿＿＿＿＿＿＿＿＿＿＿＿

「真」的捷徑

小心翼翼
拿出希臘古甕

訴說了
真理的捷徑

輕輕的、柔柔的

狂喜，如風
興興然地吹向柏樹
回音在葉縫中遊走
眾人慈悲的哭號

口袋，還藏著塵世的聲音

有過的傷痕
在那一身急速，喬裝之人

輕輕的、柔柔的
吻了下去
因愛，燃起的火焰
得到了重生

那一身急速，留下什麼？

美的抓痕。

4

血的靈魂

喬治・德・拉・圖爾
〈抹大拉馬利亞與冒煙的燭火〉
（"La Madeleine à la flamme filante"）
約 1640 年
油彩，畫布
128 x 94 公分
巴黎，羅浮宮（Louvre, Paris）

 *Picture*

證　物

無波的心　　靜靜的光
世界隱退
落於一偶

反了卡拉瓦喬
燃了沉思

她曾是罪人
今日窮了
感性以思想
披上苦行僧的外衣

想死者的證物 ──

信仰、書冊、繩索

骷髏頭定下結論：
我從未讓人悲苦
我從未讓人哭泣
我從未殺人
我從未讓人受難

苦難？贖罪？

木盒上滴的濃血
是生者垂憐、
活過的蛛絲馬跡。

　　註：

卡拉瓦喬（Michelangelo Caravaggio, 1571-1610）是活躍於米蘭、羅馬、
那波利、馬爾他、西西里的畫家，他作品描繪了對人類景況的寫實觀察，
用光的陰影，強調身體與心理變化。

敲敲天堂之門（虛無與寫實的對話）

陀螺轉啊轉！
初始，豔如火
後來，漸濁
最終，沒入荒蕪

夜，看不清面容
拿出火炬吧！
沒氧、缺柴、未及燃點
怎能無中生有

感知伸展，觸不到一物
那麼必定夠長，夠遠的了

前世紀，體內積下太多
驚慌、尖叫、與夢魘
就這樣，一瞬間暗殺了
存在千年所屬

哲學家說：我思故我在。
潮流下，我思不同，就不存在

至少剩良心，可拾來對話
編織夢想，替烏托邦鋪路

沒有指引，不怕胡作非為？

陷入了毒癮
只能畫一幅心靈地圖
戒不掉？
你……
怎麼哭了？

遺棄了光
次序人間留念什麼？
回遠古，盼於悲劇求生
洗滌
淨化
罪孽深重？

歸童真，尋救贖
眼前一片蒼茫！
人群湧至，隨你哭泣

淚，泛流不止
你不想找出口？

看啊！降下門框與靈光

快近神性！
敲一敲試一試吧！

　　砰！不行。
再試一下

　　砰！砰！砰！還是不行。
再試一下吧！

　　砰！砰！砰！砰！砰！
　　砰！怎會這樣？
打不開，也無人回應
眼前一只假像？

　　咦！佛羅倫斯的美術館
　　有一扇米開郎基羅的
　　知識之門
人若敲一聲
輕易開了

　　為何？
　　跟美醜相關？
你擁有一座夠沉、夠痛的
阻擋之物
不算美，但與此無關

　　若光死……
你的假設毫無根據

　　在柏拉圖的洞穴待太久
　　玩把戲的影成幌子
但光靜靜的
依然照耀
一直都這樣

　　心力交瘁，撲倒無形門
你躺臥
展身，宛如 ──
十字架

　　別想，再苦也不屈服
你愛？
若有，真的無須責怪
若沒有……
天啊！
你的名字叫 ──
黑。

　　靈魂飛啊飛！
目睹你無所定向 ──
以前，選擇遠離
接下，帶到荒原
果然，消失無蹤

明瞭，我手中握著一塊真實。

 *Love*_____

血　跡

如昔，暖衣
上你全身內、外的
一件件
爐火邊掛

拿起背心，淡褐
V 領下
揪一團

怎會這樣？

試著撥開
暗暗的，看不清
用指甲挑
黏　　乾　　塊
在纖維之間拉扯

開燈
紅　　非鮮紅　　轉褐

怎會這樣？

一刹那好痛

趕奔浴室
一條濕毛巾，來來回回
擦掉……

色退
因情濃

半夜　　吐秘密

5

巡的膽識

林布蘭特（Rembrandt Harmenszoon van Rijn, 1606-69）
〈夜巡〉（"The Night Watch"）
1642 年
油彩，畫布
363 x 437 公分
阿姆斯特丹，國家博物館（Rijksmuseum, Amsterdam）

 *Picture*

驚　魂

別說只是明暗
別說只是群像

更甚的士兵坐立不安
伸伸矛　　擦擦槍
要戰　要鬥
一角的鼓手示意
要出巡了

探探探　　挖挖挖

史上無數的
切、割、擊、潑、移
每每顫顫驚驚

蛇蜿蜒
滑溜地潤　　參差
平復了

一只吉祥物
放山谷
持續發光

一隻白雞
插腰間
死了　　死了

敵人敗了　　敗了
舉黃金之杯，乾了吧！

 *Hero*

聽　你

你的口
被塞，被黑霧
蓄意湮沒

管道封了
使勁的喊
怎能抵過披上白衣的壞人？
擊敗善面的說謊者？

你腦的汁液
經上天特製的通道
因獨一無二
交融後
口，迸出千萬的
不……，應該多的多
數不清的
思潮曙光

政治正確的霸權
橫行
在被壓縮的隙縫中
你啓蒙了我

恐懼食了人的靈魂
他們肥了　　腫漲的
不像樣

纖瘦如你
有了風骨
你的名字叫 ──
膽識

能聽你
夫復何求啊！

 *Love*

原說管風琴

原說管風琴學派

來時，你帶著巴哈的踏板
夜近了
門反鎖

踢踢　　踏踏
呼呼　　嘯嘯

夜巡人探頭

吼了一聲
上天的窗　　綻了
喚醒沉睡人

協議何不一塊兒
聽拉赫曼尼諾夫的鋼琴協奏曲

鍵的音律
隨血押韻
好好再愛一次！

36　英　雄

6

眼的原罪

 看著我的迷惑

 原汁最純

 相對論
那一刹那

維拉茲奎斯（Diego Velázquez, 1599-1660）
〈洛克比維納斯〉（"Rokeby Venus"）
1647-1651 年
油彩，畫布
122.5 x 177 公分
倫敦，國立美術館（National Gallery, London）

 *Picture*

看著我的迷惑

床前
邱彼特解下了粉紅絲帶
被擊潰，鬱鬱寡歡
瞧她
多自豪！

她每天看
不是自己

是另一個偷窺的迷惑

遺跡一角
高跨岩石，你俊俏地蹲坐著
羅馬千年千年前
築的　　歷史凝望

你在那兒，媚眼看我！

 *Hero*

原汁最純

人習慣添東添西
然後稱讚才夠味

歷史重覆實驗的結果
顯示：原汁　　最真。

相對論

我啓口：愛因斯坦訴相對論　　　　　一小時等於永恆
　　　　你贊同嗎？
　　　　　　　　　　　　　　　　　說時，你望著我……
你說：逆轉

那一刹那

一刹那　　　　　　　　　　　　　當時蠢蠢欲動的眼神
是第一眼後，歷經三秒的頃刻
　　　　　　　　　　　　　　　人說：醞釀越久，越香醇
往後數百千萬次　　　　　　　　爲此，愚蠢的我
只是印象而已　　　　　　　　　篤信了好幾世紀

或許多了一些皺紋　　　　　　　迂迴史前的洪荒年代
增了幾絲白髮　　　　　　　　　回到原點
忽略的是　　　　　　　　　　　才知
記憶埋藏的枝節　　　　　　　　那一刹那，是抹不去的愁

最後剩餘的　　　　　　　　　　才知
一刹那衝動　　還有　　　　　　那一刹那，是停下來的理由。

7

思的獨立

喬納斯・維梅爾（Johannes Vermeer, 1632-75）
〈讀信者〉（"The Letter Reader"）
約 1657 年
油彩，畫布
83 x 64.5 公分
德累斯頓，州立藝術博物館，歷代大師畫廊
（Gemäldegalerie Alte Meister, Staatliche Kunstsammlungen, Dresden）

 *Picture*

紅摺

拉簾幕
期待什麼戲劇

然，窗開光來
靜
靜的無窮
靜到
連呼也沒吸

黑影灑牆
空洞洞的
怎牽引？

一封折了、
反覆打開、
一看再看、
已久的信
是一張紙，一些未知文字

映入窗格
貼了未來

感情的臉
輪廓的制約
有簾、有窗、有毯、有桿子
的
折痕與亂置
及斜盤承攬的
好多潤果

玻璃鏡
是心流的馬賽克
拼於靜動之間
湊於存在與缺席之外的一瞬

不遮，為深情款款留下
伏筆

 *Hero*

底思

她們屬的
文藝復興時代，只會
抱嬰兒
否則一只只
洋娃娃

是他，啓動了革命的
扣板機
有感
有思
有悟
有醒

而她
撩窗
迎光
讀信
心醉心想

與其被創造
還不如甚過於

你愛的 ——
獨思！

 *Love*

春不春

春了
是春不是春
用溫度計量一量
啊！冬的餘波盪漾

雪直線的拋
擊出的狂涼

我開木窗

讀你

呼來的最淒
最涼
吸來的最清
最鮮

沁入心骨的一根熄了
又燃的火苗

風的矛盾

風發聲
洩了味
招來無數的仰慕者

風有手
把雲推來推去

流浪　　最艱熬的滋味

一旦嚐過
慾望擠到地毯之下
爬不起來了
無需宣佈死亡

別無他法，繼續訴說
孤獨

多年後，靈魂
疑心重重　　想探個究竟
溜窗，跑到幕後
發現 ──

風在啜泣……

遇　見

此幕，啊！
是你想遇見的

我讀，我思，我寫

8

雲的自由

喬納斯・維梅爾
〈臺夫特之景〉（"View of Delft"）
1660-1 年
油彩，畫布
98.5 x 117.5 公分
海牙，莫瑞泰斯皇家美術館（Mauritshuis, The Hague）

 *Picture*

斯芬克斯的墨守

斯芬克斯活躍時
這兒是首都

曾是鄉村，來了戰亂
聽說有八十年
建了運河，築了城牆，製了火藥
守守守
為的是家園

摧殘後
皇室駐留，重重庇蔭！

此古城
若厭倦，不乏味了嗎？
所以，你不出城

根本沒遠行的念頭
只想，守守守
守住現實
守住不朽

你的護衛，換來了
人間的安全窩。

　註：

1.荷蘭畫家維梅爾出生於臺夫特，世人對他了解少之又少，因此，被蒙上了神秘面紗，人稱他「臺夫特的斯芬克斯」（"The Sphinx of Delft"）。

2.1581 年，誓絕法案（Act of Abjuration）宣佈後，臺夫特變成新獨立尼德蘭（Netherlands）的首都。

理　想

我問：何為理想？
你斬釘截鐵：臺夫特之景

你說：這兒
　　　有河、有船、有橋
　　　有屋子，是紅磚製的
　　　有高聳的教堂
　　　有市民、婦人與紳士
我添：還有上方的雲，佔了一半

年少，買一件複製品
掛床邊

填補二維
伴你入睡，伴你醒
天堂
這般魂縈夢牽

縱使雲的黑色素
映了影　　模糊了視線

那一顆心
波動四維
堆積、築巢的文明
始終火烈！

 *Love*

自　由

將眼前的牆　　打掉
渴望直視太陽升起的地平線

把上端的屋頂　　穿洞
乞求仰望天空中漂泊的白雲

守住一個家

一個不再流浪的家

沒有什麼苛求
只需一個小小的口徑
大的能容納視野就夠了
自由？沒你在那兒讓我守候
又有何意義呢？

52 英 雄

9

轉的醉心

喬納斯・維梅爾
〈帶珍珠耳環的少女〉（"Girl with a Pearl Earring"）
1665 年
油彩，畫布
44.5 x 39 公分
海牙，莫瑞泰斯皇家美術館

 *Picture*

三顆精圓

一片黑，一只鐘形罩
套上了藍黃色系

不偏不倚的
半明半暗間
一閃一爍，移置
透亮的靈魂之窗

攬照四分之一的圓
此地帶

是弧形的恰到好處

三顆精圓溜轉
深情的跳躍

嘴唇吻了
半開的，醞釀好久的

●醒●悟●了

 *Hero*

哲人徑

我來時
在草原
這條路，你說踏上好幾回

渴寫一部偉人傳記
但情深
他與妻子未留一封信
後代無蹤影
怎能生動描繪？

你惱、你憂、你愁

有一天
這條路，將命「哲人徑」
為你
千古後，我回眸

望著
一個無法取代的 ──
高貴靈魂。

 *Love*

轉　角

過一條馬路
走到轉角

往後走
顯得愚蠢
再行一步

就不見身影

在恰好的點上
醉心一刻
你轉頭
做了回眸。

戴它，帶心

爐火慢慢燒
體溫緩緩升

我躺
懶懶地潛入
暗裡銀了一下又白一下

你說：
好個穿透黑髮的抹

是心的鑲嵌

字字濕我眼，潤我膚

凝視片刻
從你琉璃之眼，拭去了
我的污、我的罪！

戴它，帶心！

58　英　雄

10

戰的冠冕

 尊嚴之最

 掌中物

只　求

每每　切切

釀了什麼

林布蘭特
〈六十三歲的自畫像〉（ "Self-Portrait at the Age of 63" ）
1669 年
油彩，畫布
86 x 70.5 公分
倫敦，國家美術館

 *Picture*

尊嚴之最

掀開的
不是鮮嫩、細緻
看到的
是粗暴、殘破、腐朽、苦澀

一隻屠宰的牛，剖開
殘酷地懸
血淋淋

蛆　　食了纖維
肉漸漸地爛、垮

戰過，用了勁

眼皮倦了，然……
嘴唇皺了，然……
髮絲銀了，然……
脖子漲了，然……
耳朵垂了，然……

續續抗爭

沒有帝王的衣袍與權杖
然……
有先知的冠冕。

註：

1. 林布蘭特晚年，窮困孤獨，臨終前，畫下〈六十三歲的自畫像〉。幾年前，它被拿去 X 光檢測，發現一處很蹊蹺，原本，他手張開，並握住畫筆，之後，改換兩手緊握。

2. 1638 年，林布蘭特用寫實手法完成了一幅〈屠宰的牛〉（"The Slaughtered OX"），一隻被屠殺後的牛，掛起來，看來令人震撼。

掌中物

我身這樣站
我手這樣握
我眼這樣看

愛喬裝之人
你連看都不敢看我
懼怕了嗎？

你若真，若無畏
眼神交會，就懂了

你說我一定焦慮
一定挫敗了
不，那是你以為
對荒原，我只有 ──
絕望

我建構的思潮
理性　　機智的辯駁
心底藏有
激情、浪漫的愛

卻遭詛咒
殘忍地，將我流放

無道地，失了地位

在監獄裡，你關了一位正義之人

北歐之音，古典之樂
飄來　　　翼
的舒緩
光閃黑夜的小 g 因

沙漏在流
我依舊活躍、敏銳
毫不留情地揭發弊病
繼續反抗

合掌，認輸？
絕不，還沒止息！

我氣火正燄
那偽善加諸的詛咒
將一一擊潰

原來，手暖的是
真理之溫。

 *Love*

只　求

每描繪你
全是溫的　　　　　想的
全是暖的　　　　　全是宇宙的
全是柔的　　　　　不動　　不滾

每每　切切

求時間就此打住　　別飛逝　　　不敢用力
當你在側　　　　　　　　　　　深怕破了　　塌了

每每　切切　　　　　　　　　當你在側
這樣的幸福　　溫溫柔柔　　　只求不流轉

釀了什麼

你圍繞
我靜靜地坐

眼睛睜著，卻如閉

春風釀了什麼
催我淚

11

橋的狂妄

一半給天，一半留人間

狂人啊！

五月二日

貝納多‧貝洛托（Bernardo Bellotto, 1720-80）
〈維羅納的船舶橋一景〉
（"View of the Ponte Delle Navi, Verona"）
約 1745 年
油彩，畫布
132 x 233.7 公分
愛丁堡，蘇格蘭國立美術館
（Scottish National Gallery, Edinburgh）

 *Picture*

一半給天，一半留人間

雲的眼簾　　是棕，是橘

纖細點點

水平的線　　凹凹　　　　散步、問候、搭乘、載運
聳立的建築　凸凸　　　　八方的空架

連屋、眾窗　藏花樣　　　可見人的工程
思慕　　　　　　　　　　運河的河
橋上之人？　　　　　　　流的綠又深
河流、橋墩　模糊了
界線　　　　　　　　　　是白，是藍　　雲的眼簾

多近　　　　　　　　　　一半給了天
逼了心　　　　　　　　　噢！另一半留人間

　　註：

貝納多‧貝洛托出生於威尼斯，是義大利的城市風景畫家，是畫家卡納
萊托（Canaletto）的姪子，兩人的風格幾近，經常被混為一談。

 *Hero* _____

狂人啊！

是否眼珠被刀割之後
流的膿
濃化成狂？

那膿
有變色本領

想盡辦法堵塞

機智如你
築一條管道　　通向心

那狂，比金的價值高
組十字，與無數的小圓環
串掛了起來

盲人奇蹟地恢復知覺。

 *Love* _____

五月二日

十三年前的今天

你紅通的臉頰
你棕橘的外衣
如窗的口袋

那酒窩激盪　　容納的迷惑

是濃情的器皿

那眼睛穩妥　　閃爍的峭魂
是性感的發射器

這幅畫一一包羅
你歡你愉的。

12

裸的魂魄

哥雅（Francisco José de Goya y Lucientes, 1746-1928）
〈裸女馬雅〉（"La maja desnuda"）
約 1797-1800 年
油彩，畫布
97 x 190 公分
馬德里，普拉多美術館
（Museo Nacional del Prado, Madrid）

 *Picture*

臨界點

藝術家為她起了名，叫馬雅

非聖母瑪麗亞
非神話的仙子
非女神
噢！世俗之女

官方說有敗壞風俗之嫌
那麼，淫穢之作？

一千八百多個日子後，她穿衣了
無貴族風範
氣息也沒附予神聖

還好，入迷團前夕
破了黑
衝了未知險惡的臨界點

巨變，美的飆燁！

註：

西班牙畫家哥雅完成〈裸女馬雅〉之後五年，又畫了一張〈穿衣馬雅〉
（"Maja vestida"），姿態一樣，但這回，為女模加上白色的洋裝、菊黃
黑的小外衣、袖珍鞋、白絲襪，與粉色腰帶。

 *Hero*_____

驚 嘆

一頁一頁翻響
頓，是一分一秒腦細胞的滾

第兩百頁，頓得更久
入了畫的危險地帶
小心翼翼地，再翻
一頁二頁三頁四頁五頁六頁

對！就這頁
下方小小的據點
有大大的霸佔

黑白，隱約的層次
僅是淺嘗

此一小書
握在掌中
某種滿足，又覺不夠

壯了獅子的胃口……

那裸
十六歲入牛津前的驚嘆！

註：

此書是爾文・克利斯廷森（Erwin O. Christensen）的 1959 年《西方藝術
史》（*The History of Western Art*）。

 *Love*

裸　魂

兩根指針一碰關節
搖啊搖
晃啊晃

心一甩
裹白紗

裸似的神情
偷偷地　　誘了你魔
　　　　　勾了你魂

知曉？
愛相隨

74 英雄

13

信的指標

 雲的流浪
 慟

 唯　一

 不　再
我愛，只因有你

約翰‧康斯太勃（John Constable, 1776-1837）
〈從主教領地眺望的索爾茲伯里大教堂〉
（"Salisbury Cathedral from the Bishop's Grounds"）
1823 年 油彩，畫布 87.6 x 111.8 公分
倫敦，維多利亞與阿爾伯特博物館
（Victoria & Albert Museum, London）

約翰‧康斯太勃
〈從草原眺望的索爾茲伯里大教堂〉
（"Salisbury Cathedral from the Meadows"）
1831 年 油彩，畫布
151.8 x 189.9 公分 私人收藏

 *Picture*

雲的流浪？

你跑湖區
嚐浪漫
一朵雲似，孤獨地流浪？

這棟中古建築
你眼底，畫架上
演出的困難之巨
窗啊！扶壁啊！……

花園的樹、草坪、低頭飲水的牛
風景精髓　　全覽了

專注百分百
明暗的瞬息？想跑
逃啊逃

那滋味不好受，抱怨
太壓迫

你要的，很簡單 ——
一偶的
紅酒愛人！

慟

景物依在
天使別了

你蒙上黑衣
開始訴說情緒
竟以燃燒形式現身

華茲華斯料中了
果然，你憤怒，你吶喊

悲劇後
襲來一場狂風暴雨

殘餘的，你目睹四季
橫渡了
該付的代價

當一道彩虹

飛越廢墟

了悟
慟又何妨
摯愛不搖！

　　註：

1.1828 年，畫家康斯太勃的愛妻因肺結核過逝，對他來說，這位仿如天
　使的女子不再了。

2.詩人華茲華斯（Wordsworth）是英國浪漫派的關鍵人物，他寫一首名
　詩，叫〈我似一朵雲，孤獨地流浪〉（"I Wandered Lonely as a Cloud"）。

 *Hero*_____

唯　一

最高的尖頂
最大的回廊
最廣的圍場

唯一
還奢求什麼呢？

 *Love*

不　再

我不再流浪
只因遇見了你

我不再漂泊
只因你的一切鎖住了我

我不再猶豫
只因你的堅決觸動了我

我不再離去
只因世上沒有一個地方比跟你

共渡餘生還要精彩

活蹦亂跳的細胞
因小小的慈善
在疲憊後
得到最愉悅的歇息
全在你浩瀚的穹蒼中拾獲

只想
眠在安穩，永不塌陷的你。

我愛，只因有你

世上若沒你，我大概
像雲
風不靜止，也停不下來
推把我

找一個能愛、
也能被愛的處所

如玉一般
堅實、濃烈

任狂風暴雨怎麼襲擊
依然鎮守
只因有你。

80　英　雄

14

紅的旋風

 一聲親愛的

 勇敢新世界
《The g Factor》

 冬　咳
暗　示

威廉・泰納（J M W Turner, 1775-1851）
〈被拖去解體的「戰艦無畏號」〉
（"The 'Fighting Temeraire' Tugged to Her Last Berth to Be Broken Up"）
1838 年
油彩，畫布
91 x 122 公分
倫敦，國立美術館

 *Picture*

一聲親愛的

她，在特拉法加戰役
無畏地打下功績

此刻站立，等待
歷史的
連雲匯集、踞三角
觀看這一場悲劇

黑水蟲噴火
煙　　追來幾艘帆船

河上

她最美

日落的暈紅
告知揮別的壯烈

身子一寸一寸下沉
微風一陣一陣吹過
在詩裡
一波一波的傳誦

畫家喊了一聲：親愛的！

勇敢新世界《The g Factor》

1996 年之春
一陣狂風襲捲

眾眾半瓶水
裝著感情的假牙
咯咯地叫！

脆弱的很

群群偽善羊
抱著飽食的肚子
咕嚕咕嚕地絞！

貪婪的很

它（牠）們拐彎抹角
地埋釘子
心靈破洞，也要刺人
問題來了

眾群的戲本指數一直往上攀

你的禁書，第一句說：
太陽被遮蔽，污了基因版圖

近來
你部落格繪製……
它（牠）們精神錯亂
努力摧毀族群
拼命崩潰文明

而你，手指流竄的
預示、指點、同時，也尋了光

你的故事
含達爾文表弟的情節
似現代的雨淋淋
卻包於一個
有根的

有莖的　　　　　　　　樂笑

有花的　　　　　　　　幽默的笑

有葉的果實裏　　　　　慈悲的笑

　　　　　　　　　　　人道的笑

他們總在嘲笑

苦笑　　　　　　　　　笑中之笑

道德的笑　　　　　　　笑到捧腹大笑

空洞的笑　　　　　　　誰的笑，真的迷人？

推理的笑

　　　　　　　　　　　一切將會揭曉。

你也總在譏笑

註：

達爾文表弟，指的是弗朗西斯・高爾頓（Francis Galton, 1822-1911），英
國頂尖的博學者，專長人類學、優生學、熱帶探險、地理、氣象學、原
型基因、心理測量、統計學…等等。他是第一位用統計學方式，了解人
類的差異與智商的遺傳，也是研究優生學的先驅。

 *Love*_____

冬　咳

小提琴手一身豔紅
伴水晶的音色，清透
花苞
花蕾
花瓣
舞了起來

五秒停頓

樂章與樂章之間
台下紛紛發聲

你說：冬咳

啊！
被允許的冬咳⋯⋯

暗　示

你的臉
你拋媚的眼睛
你上揚的嘴角
你漲紅的臉頰

你隱約的酒窩

是大火燃燒前的暗示。

15

驚的速度

威廉・泰納
〈雨、蒸汽和速度 —— 西部大鐵路〉
（"Rain, Steam, and Speed-the Great Western Railway"）
1844 年
油彩，畫布
91 x 122 公分
倫敦，國立美術館

 *Picture*

賽　跑

薄紗蓋
你說雨、蒸汽
漆了金
你講速度

人扮演多少角色？
瘋難駕馭
破壞的浩浩蕩蕩
自然？
沒啥兩樣

但……
飆光
幅射敬畏

遺囑呻吟：太陽神。

鐵路橋上的
迅雷不及掩耳
嘟嘟嘟！
破霧
嗶嗶嗶！
野兔據理力爭，礙了視線
呼呼呼！

狂奔競賽
誰拿錦標

自然、文明，你驚嘆哪一？

註：

這座橋是梅登黑德鐵路橋（Maidenhead Railway Bridge），由英國一流的機械與土木工程師布魯耐爾（Brunel, 1806-59）設計。

 *Hero*

輾 斃

行駛……
壓碎了百年癡、愚

火車的狂嘯
奔向未知的心喜

身底的靈魂
毫不猶豫真情吶喊
世界啊！

原來，燈下
你用顯微鏡觀察

左翼的
膨脹、萎縮、痙攣、潰爛
恨的斷氣
直到死狀
留下億萬粒毒害的細胞，拼成 ──
千‧錯‧萬‧錯

你化一條鳳凰
一身輕快　　迅速地
──輾斃

吐出心智的滋養液！

 *Love*

險　境

你驚遇了
我說啊！
　　　　驚險

表皮沒傷

心已震了

差一丁點　　預示了什麼
後來的一波、二波……
才可瞧呢！

點鐘一

泡完澡，毛巾圍上

突然，大聲的：九點了……

緊迫，快快穿衣

接著，又叫：九點了……

書房前，敲門
內發出：請進
原來，午覺醒來，看鬧鐘

進廚房，倒杯琴酒
回書房，穿上藍衫

走來時
問：我在那兒？
回：以為早上，妳在臥室，
　　九點半得去火車站，
　　心想，衣裝整齊的我，
　　真來不及，先去了……

問：你叫幾聲？
回：先三聲，停一下，再兩聲

一定做夢了
就算慌亂，堅定如此

點鐘二

一杯熱帶果汁
甜心，早上好？

（五分鐘後）

可好？

怎麼了，什麼奇怪？

很奇怪，待會告訴妳……

起床
看鬧鐘七點
很奇怪？

心想，得趕五點火車

心想，她昨夜未歸
要搬走嗎？

一場夢魘
不過，敢愛，寧可早到！

16

藏的揪心

愛德華・馬奈（Édouard Manet, 1832-83）
〈陽臺〉（"The Balcony"）
1868 年
油彩，畫布
169 x 125 公分
巴黎，奧賽美術館（Musée d'Orsay, Paris）

 *Picture*

陽臺上的狐狸精

波特萊爾的
　　陽臺上，傍晚籠罩的粉霧。

畫，未開化
品嚐的水果未熟

那樣可口
此爲致命吸引力

無粉霧，噢？遵照詩人的
　　在我漆黑眼底，尋妳深處。

註：

畫作〈陽臺〉的最初靈感來自於法國詩人波特萊爾的詩。

 *Hero*

差距九分鐘

寫回憶錄的男子

細看時
揪了揪
心漿入了荒蕪
想哭，但沒哭
心痛？嫉妒？似有似無
只是，後藏的……
性感？

怎會介意過去

神秘，因小小的線索
漲大想像
竟跟伍迪・艾倫握手言歡

（歇斯底里後的九分鐘）

恐懼沒了
原來遊蕩的文字
飽滿　　雄糾糾氣昂昂
果然是個
好漢！

 *Love*_____

白天鵝

此彎彎的乳白
穩穩的座落
一旁的木窗
也白
無法闔上
就這樣
別驚動　　好好在那兒

直桿　　橫柱
簾網　　遮陽
交會　　拉線
全白

甚至光也白

我嘗試以裸眼
觸摸
聞
舔
乾脆嚼一嚼吞下去

然視覺的
如何用心
綜合其他的感知呢？

17

紫的聲名

愛德華・馬奈
〈柏絲・摩莉索與一束紫羅蘭〉
（"Berthe Morisot with a Bunch of Violets"）
1872 年
油彩，畫布
55 x 38 公分
巴黎，奧賽美術館

胸口，一朵紫羅蘭

人揚棄了黑，
用混的，來換暗影；
你卻一反風潮
上了濃重

吞噬光能量
浮又隱
又，劃破白介面

遊於精神與實體，交戰後
氣勢騰騰

爲臉龐佈局

它
沉默　　內斂的
難丈量……

鳶　尾

每回，你簽名
就用它

好多紫線脈
隻隻金羽搖晃
潔白的灑落

你繞，你捲，你升，你彎
使出了劍
揮來了絲綢

在北溫
你跳了一流的
蝶舞

 *Love*

釦 子

一個一公分半的釦
不不
應該說
半徑零點七五公分
凹凸的圓

銀落桌上
黑影折了個彎
射成一線
由上而下　　割了膿包
溫度已降
嬌滴滴流出來的
毒液

怎會？
從哪兒來？怎掉到此處？

它原黏貼
一件紫藍條紋的衣
是你愛的

待會
穿針引線
對準　　不失零件的　　縫合
原有的毒素
因你
散了　　稀釋了

18

鏡的抽搐

塞尚（Paul Cézanne, 1839-1906）
〈梅登城堡〉（"La Maison de Zola à Médan"）
1879-81 年
油彩，畫布
59 x 72 公分
格拉斯哥，伯勒爾收藏館（Burrell Collection, Glasgow）

 *Picture*

左拉之屋

左拉，你的童年玩伴
畫你，畫你城堡

讓土予了溫度，葉露了新意
以呵護之名

你藏後端，筆墨混酒精
享一切尊容

不到六分之一的水面
波紋壓縮了
《傑作》中的背叛

反映檔案材料的
緊張情緒。

　　註：

1.法國寫實主義作家左拉（Émile Zola, 1840-1902）在 1877 年出版《酒店》
（l'Assommoir），之後聲名大噪，賺進了財富，一年後，買下梅登城堡，
1880 年，此城堡成為幾個重要文化人聚集的場所，也一塊在這兒用餐。
2.《傑作》（L'Œuvre）是左拉 1886 年的小說，內容杜撰畫家塞尚的故事。

共 振

他刻劃人性的
污穢
老年後，成了
時代錯誤
噢！陳年的實證主義者

然，馬奈的左拉肖像
一次，你盯
從你眼，我透知

與寫實共振
這樣的世界無同志

翻開畫冊
這兒有太多太多的故事
且慢慢述說

致命的抽搐，伴隨了
新生。

鏡　像

走到花園
角落一處
一只好久不被觸碰的桶子

不由得
拍拍往天堂累積的
灰塵、枯葉
及半濕的模擬兩可
上端的蓋
展翅
快飛了起來

久藏的水
因被打擾的緣故

噴的
濺的滿是花臉

當掌心抹去水珠
一刻觸鬚，伸展
發現
過了好幾個冬
凝結的雪溶化後
還保持初遇的 ——
清澄

不禁顫抖
因愛，我們一點也
沒老。

108　英　雄

19

玩的認眞

奧　秘

咖啡屋

幻想史達林對手

塞尚
〈四位玩牌者〉（"Les Joueurs de Cartes"）
1890-92 年　油彩，畫布
64.7 x 81.2 公分　紐約，都會藝術博物館
（Metropolitan Museum of Art, New York）

塞尚
〈兩位玩牌者〉（"Les Joueurs de Cartes"）
1890-92 年　油彩，畫布
47.5 x 57 公分　巴黎，奧賽美術館

奧　秘

揭開餘年的序曲

一張桌子，幾張椅子
湊合幾個普羅旺斯農夫
有了戲碼

菸草點燃了嗎？
眼神交換了嗎？

全副武裝，距離
無留線索
玩，若止息

不成了默劇？

對稱與不對稱
公平與不公平
隱藏與不隱藏
沉思與不沉思
溝通與不溝通

全落在牌卡上

君子相爭，往下瞧的是一種
無價。

 *Hero*

咖啡屋

屋裡的牆
又黃又綿
近看，好織物

不平的絲線，是昆蟲腳
與鼠爪，夜裡攀行的天堂

疑惑天花板怎有咖啡
黏上了

多年的尼古丁因粉
與煙霧

這些害蟲處心積慮
若真爬上去
肯定熏死

太好，太好！
你早築了一道防禦工事。

 *Love*

幻想史達林對手

矇矇矓矓
耳裡，攻入：史達林的奶奶
其餘含含糊糊

你仍睡
我搖
你聽見沒？清晨第一句……
你大笑

整天思念那
聲音
樣子
情緒

倒不是幻想

我懂那笑

20

愛的痕跡

徹夜未眠

澆淋伏特加

天　堂
撫
尋愛的痕跡

莫迪利亞尼（Amedeo Modigliani, 1884-1920）
〈張開手臂的沉睡裸女〉
（"Sleeping Nude with Arms Open"）或
〈紅裸女〉（"Red Nude"）
約 1917 年
油彩，畫布
60 x 92 公分
詹尼・馬蒂奧利收藏（Collection Gianni Mattioli）

莫迪利亞尼
〈藍枕上的裸女〉（"Nude on a Blue Cushion"）
1917 年
油彩，畫布
66.5 x 100.9 公分
華盛頓，國立美術館
（National Gallery of Art, Washington, D.C.）

莫迪利亞尼
〈臥姿裸女〉（"Reclining Nude"）
1917 年
油彩，畫布
60 x 92 公分
斯圖卡特，國家藝廊（Staatsgalerie, Stuttgart）

 *Picture*_____

徹夜未眠

這兒的維納斯
沒睡

裸的瞪向前方

挑戰似的
盲目又莫名

她，一面靈魂之鏡

 *Hero*_____

澆淋伏特加

眼見 ── 脆弱
在每議題上
破了一個大洞

海市蜃樓，他們製造的

甜言蜜語後的　　期待
一次又一次的　　仰賴
連磚瓦都不遞
還送來了洪水
甚至快溺死了，也找不到浮板

似人道，似善心
面上噴溫柔劑
然……
沒比這血腥的了
殘暴的
負心漢！

有人敷上冷漠膏
有人鬱卒
而你
兩者，取了一些

自土壤中蒸發的
是可飲、

易填充、
能溶化的
伏特加

我，快被沖刷
然在決定拆除泡沫屋一瞬間
呼吸無比順暢
上了岸，你鋪好的
非淪落
即文明的持續波浪

讓我脫衣
把伏特加冷冷澆淋下來吧！

天　堂

噢！右臂
滑入了頸窩、肩緣

啊！左臂
溜過了腰、臀

腿夾　　膩燃
吐二氧化碳　　當氧氣吸

鼾聲　　活躍了五線譜

裸身這樣入岩穴的
被裏

不知不覺　　睡了

撫

胸悶
這陣子脆弱了些

一貼近你
身
氣息
話語
之信　　之堅

回溯那
往下傾的甕
流的泉
盡情的飲

成癮

答應我那
不變的　　愛撫

尋愛的痕跡

你用手
摸我的頭

你用手
撫我的臉

你用手
搭我的肩

你用手
碰我的膝蓋

你用手
摟我的腰

你用手
牽我的手

你說
愛我的微笑

十分之一世紀又三年了
此痕跡還在……

後　記

點心時間，我與英雄享用了蘋果派。

我問：在荒島上，只允許帶一本書，你會選哪一本？
英雄回：《牛津英詩選集》。
我又問：還有奢侈品，只能有一件，你會帶什麼呢？
英雄說：*鞋拔。用它，可穿鞋，也可捕魚，獵物，割*
　　　　肉，切東西，好來求生。

　　　　　*　　*　　　*　　　*　　　*

晚餐後，飲小酒，我喝些琴酒＋奎寧水，英雄呢？
伏特加是他的最愛。

最後，我問：之前說的那些藝術品，萬一緊急事發生，
　　　　　　僅能搶救一件，哪一件你最想留在身邊？
英雄說：*維梅爾的〈讀信者〉。*

　　　　　*　　*　　　*　　　*　　　*

他是啓蒙者、真理戰士、遠見者，更懂情懂愛，
他的名字叫……

英雄

g

國家圖書館出版品預行編目資料

英雄 / 方秀雲著 -- 初版 -- 臺北市：文史哲，
民 102.04
  頁； 公分（文史哲詩叢；110）
  ISBN 978-986-314-105-1（平裝）

  1.新詩 - 藝術

851.486   102006421

文 史 哲 詩 叢　110

英　雄

著　　　者：方　　　秀　　　雲
出 版 者：文 史 哲 出 版 社
　　　　　http://www.lapen.com.tw
　　　　　e-mail：lapen@ms74.hinet.net
登記證字號：行政院新聞局版臺業字五三三七號
發 行 人：彭　　　正　　　雄
發 行 所：文 史 哲 出 版 社
印 刷 者：文 史 哲 出 版 社
臺北市羅斯福路一段七十二巷四號
郵政劃撥帳號：一六一八○一七五
電話886-2-23511028 ・傳真886-2-23965656

定價新臺幣四八○元

中華民國一○二年（2013）四月初版